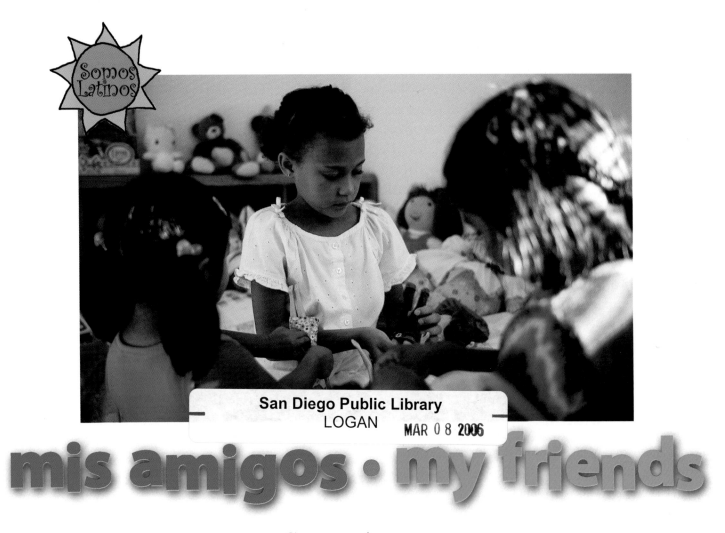

mis amigos · my friends

George Ancona

With Alma Flor Ada and F. Isabel Campoy

Children's Press® A Division of Scholastic Inc.
New York · Toronto · London · Auckland · Sydney · Mexico City · New Delhi · Hong Kong · Danbury, Connecticut

To Melanie Farkas

My thanks to Alma Flor Ada for introducing me to Dulce María Pérez
and her children, Amelia, who drew the pictures of her friends, and
her brother, Gabriel. To Esther Centers, Amelia's teacher and the
Santa Cruz Waldorf School. And to all the folks who helped make this
book: Lindsey Frankel, Annie Barnes, Leandra Forte, Yemayá
Amadora, Triana Griffeh, Nahshon Marden, Sundara, Maggie, Lupita
and Sra. Aurelena Castillo, Contis Harding, Melissa S. Bernstein,
Sra. Leticia Medrano, and David Moyer.

Gracias
G.A.

Library of Congress Cataloging-in-Publication Data

Ancona, George.
Mis amigos = My friends / George Ancona.
    p. cm. — (Somos latinos)
ISBN 0-516-23690-3 (lib. bdg.) 0-516-25068-X (pbk.)
1. Dominican American girls—New York (State)—New York—Social life and customs—Juvenile literature.
2. Dominican Americans—New York (State)—New York—Social life and customs—Juvenile literature.
3. Dominican American girls—New York (State)—New York—Biography—Juvenile literature. 4. Dominican
Americans—New York (State)—New York—Biography—Juvenile literature. 5. Friendship—Juvenile
literature. 6. New York (N.Y.)—Biography—Juvenile literature. 7. New York (N.Y.)—Social life and
customs—Juvenile literature. I. Title: My friends. II. Title.

F128.9.D6A53 2004   974.7'1004687293—dc22   2004007183

Yo no se qué haría sin mis amigos. Todo sería un poco aburrido. Amelia nos cuenta sobre sus amigos. Con algunos habla en español, con otros en inglés. Su madre es una profesora que dejó la República Dominicana para venirse aquí, donde nacieron Amelia y su hermano mayor, Gabriel. Fue muy divertido pasar tiempo con ellos.

I don't know what I would do without my friends. Things would be pretty dull. Amelia tells us about her friends. With some she speaks in Spanish, with others in English. Her mother is a teacher who left the Dominican Republic and came here, where Amelia and her older brother, Gabriel, were born. It was fun to hang out with them all.

George Ancona

Mi nombre es Amelia Lauren Moyer Pérez.
Moyer es el apellido de mi padre
y Pérez es el apellido de mi madre.
Me gusta reír y divertirme
con mis amigos.

My name is Amelia Lauren Moyer Pérez.
Moyer is my father's name,
and Pérez is my mother's name.
I like to laugh and have fun
with my friends.

Yo tengo muchos amigos
y amigas en la escuela.
En clase hago dibujos
con Lindsey y Annie.

I have lots of
friends in school.
In class I draw pictures
with Lindsey and Annie.

Los viernes nuestra clase
prepara el desayuno en el jardín.
Yo exprimo naranjas para hacer
jugo con Leandra y Yemayá.
Después de comer, Nahshon y
yo lavamos los platos.
Él siempre me hace reír.

Every Friday our class makes
breakfast in the garden.
I squeeze oranges for juice with
Leandra and Yemayá.
After we eat, Nahshon and
I wash the dishes.
He always makes me laugh.

En verano, Triana
y yo vamos a la playa.
Cavamos hoyos en
la arena y hacemos
castillos. Yo hago muecas
frente a la cámara.

In the summer, Triana
and I go to the beach.
We dig holes in the sand
and make castles.
I make funny faces at
the camera.

Yo juego baloncesto en la casa de Nahshon.
Él dice que le gusta jugar conmigo
porque soy muy buena.
Después descansamos y charlamos.

I play basketball at Nahshon's house.
He says he likes to play with me
because I'm very good.
Afterward we rest and talk.

Sundara está en un grado
superior al mío pero nos gusta
pasar tiempo juntas.
Un día jugamos a la rayuela.
Luego nos subimos a un árbol
y nos colgamos cabeza abajo.

Sundara is one grade above me,
but we like to be together.
One day we played hopscotch.
Then we climbed a tree
and hung upside down.

Aquí estoy con Maggie y Lupita.
Ellas son más pequeñas que yo.
Nos pasamos la mañana vistiendo
sus muñecas.

Here I am with Maggie and Lupita.
They are younger than I am.
We spent the morning
dressing their dolls.

16

Contis me visita cuando mi mamá está
en el trabajo. Ella me enseña a jugar a las palmas
y otros juegos. Después compramos helados.
Nos gusta probar todos los sabores.

Contis visits me when my mother is at work.
She shows me pat-a-cake and other games.
Afterward we buy ice cream cones.
We like to taste all the different flavors.

Melissa trabaja en la tienda donde compramos.

Nos conocemos desde hace mucho tiempo.

Un día ella me pintó la cara con pintura brillante.

Nos disfrazamos de hadas con alas.

Melissa works in the store where we shop.

We've known each other for a long time.

One day she painted my face with glitter.

We dressed up as fairies with wings.

Gabriel es mi hermano y también mi amigo.
Nosotros jugamos y bromeamos todo el tiempo.
Pero él también me ayuda con las tareas.

Gabriel is my brother and also my friend.
We play and tease each other all the time.
But he helps me with my homework, too.

Nosotros no tenemos televisión, así que leo mucho.
Cuando mi papá viene a visitarnos, me gusta
leerle cuentos. Pero a Gabriel y a mí todavía nos gusta
que nos cuenten un cuento antes de dormir.

We don't have a television, so I read a lot.
When my Dad comes to visit, I like to read him stories.
But Gabriel and I still like to listen to a bedtime story.

La madre de Amelia, Dulce María Pérez, cuenta su historia:

Nací en la República Dominicana, en un batey, un pueblecito cerca de los cañaverales. Crecí allí con mi tía y mi tío. Mis amiguitas eran niñas haitianas cuyos padres venían a cortar la caña de azúcar. Teníamos muchas tareas: traer agua del pozo, barrer el patio, dar de comer a las gallinas y hasta cocinar. Pero era una niñez libre. Todos los vecinos cuidaban de todos los niños y nos sentíamos seguros jugando al aire libre.

Todo cambió cuando cumplí nueve años. Fui a la capital para vivir con mi madre y para ir a la escuela.

Cuando crecí me hice maestra, pero en mi país no había muchos trabajos. Como mi hermana vivía en Nueva York, yo también fui a vivir allí . No me gustaba vivir en una ciudad tan grande, pero aprendí inglés, obtuve una maestría, enseñé y ayudé a mi comunidad.

Aunque estoy divorciada del papá de Gabriel y Amelia, quiero que mis hijos estudien y respeten mi cultura afro-caribeña y la cultura estadounidense de su padre.

Amelia's mother, Dulce María Pérez, tells her story:

I was born in the Dominican Republic, in a *batey*, a small town near the sugar cane fields. I grew up there with my aunt and uncle. My friends were Haitian girls whose parents came to cut the cane. We had many chores: bringing water from the well, sweeping the yard, feeding the chickens, and even cooking. But it was a childhood of freedom. All the neighbors watched over the children, and we felt safe playing outside.

Everything changed when I turned nine years old. I moved to the capital to live with my mother and go to school.

When I grew up I became a teacher. But in my country there were too few jobs. Since my sister lived in New York I moved there too. I did not like living in such a large city, but I learned English, got a masters degree, taught, and helped my community.

Even though I am divorced from Gabriel and Amelia's father, I want my children to study and respect my Afro-Caribbean culture and their father's culture of the United States.

United States of America

New York City

Santa Cruz,
California

Spain

ATLANTIC OCEAN

Mexico

Cuba

Haiti

Puerto Rico

Belize
Honduras

Dominican Republic

Africa

Guatemala
El Salvador

CARIBBEAN SEA

Nicaragua

Costa Rica
Panama

Venezuela

Columbia

Ecuador

Peru

Brazil

Bolivia

Paraguay

PACIFIC OCEAN

Chile

Argentina

Uruguay

Los países de habla hispana
Spanish-speaking countries

El viaje de Dulce María Pérez
Dulce María Pérez's journey

**La República Dominicana comparte
la isla caribeña La Española, con Haití.
Cristóbal Colón llegó a la isla en 1492
y la reclamó para España. En 1697
España entregó a Francia el tercio
occidental de la isla, que se convirtió
en la nación de Haití. La parte oriental
se independizó de Haití en 1844.**

**The Dominican Republic shares the
Caribbean island of Hispaniola with
Haiti. Christopher Columbus visited the
island in 1492 and claimed it for Spain.
In 1697 Spain surrendered the western
third of the island to France, which
became the nation of Haiti. The eastern
part gained its independence from
Haiti in 1844.**

Palabras en inglés = Words in English

amigos = friends

ayudar = to help

baloncesto = basketball

bromear = to tease

castillos de arena = sandcastles

cuentos = stories

desayuno = breakfast

diversión = fun

escuchar = to listen

exprimir = to squeeze

grado = grade

helado = ice cream

Palabras en inglés = Words in English

jugo = juice

juego = game

lavar = to wash

leer = to read

muñecas = dolls

naranjas = oranges

pintar = to paint

platos = dishes

rayuela = hopscotch

reír = to laugh

sabores = flavors

tarea = homework

Juegos tradicionales

A todos los niños les gusta jugar. Los niños latinos tienen muchos juegos tradicionales. Para estos juegos no hacen falta juguetes caros. Muchos de ellos se juegan sin juguete alguno. Como hay tantos países en los que se habla español, a veces el mismo juego tiene distintos nombres.

Los juegos de ronda se juegan mientras se canta una canción. En *Antón Pirulero* los niños imitan los movimientos del líder, que simula estar tocando distintos instrumentos.

En Hispanoamérica las cometas son muy populares. Las cometas pueden ser muy grandes y hermosas. Con las canicas y los trompos se puede jugar en el suelo. Las aceras se prestan para jugar a la rayuela y al caracol, en ambos juegos hay que saltar con un solo pie.

Ya sea golpeando una pelota con un bate, cortando muñecas de papel, trepando árboles, doblando papel para hacer barquitos o saltando la cuerda, hay muchas oportunidades de divertirse con los amigos.

Traditional Games

All children like to play. Latino children have many traditional games. These games do not require expensive toys. Many of them are played with no toys at all. Because there are so many countries where Spanish is spoken, sometimes the same game will have different names.

Many games are played while singing a song. In *Antón Pirulero* children imitate the movements of the leader, who pretends to play different instruments.

In Latin America kite flying is a very popular tradition. Kites may be very large and elaborate. Marbles and tops are good for playing on the dirt. Sidewalks are good to play hopscotch or snails, both of which require jumping on one foot.

Whether hitting a ball with a bat, cutting paper dolls, climbing trees, folding paper to make paper boats, or jumping rope, there are many opportunities to play with friends.

Sobre el autor

Los padres de George Ancona vinieron en barco a Nueva York, Estados Unidos, desde Yucatán, México. Al poco tiempo, nació el pequeño Jorge. Jorge creció en Coney Island. En su casa sólo hablaba español. En la calle, en la escuela y en la playa, hablaba inglés. Casi todos los padres de sus amigos habían llegado de Europa. A lo largo de sus viajes como fotógrafo, ha hecho muchos amigos, sobre todo en América Latina, donde ha creado varios libros para niños.

About the Author

George Ancona's parents came to the United States by ship from Yucatan, Mexico, to New York. Then little Jorge was born. He grew up in Coney Island speaking only Spanish at home. On the streets, in school, and on the beach he spoke English. The parents of his friends came mostly from Europe. In his travels as a photographer he has made many friends, especially in Latin America, where he has created several children's books.

Sobre Alma Flor Ada y F. Isabel Campoy

Alma Flor e Isabel han escrito juntas más de setenta libros—biografías, teatro, poesía, cuentos tradicionales, libros sobre arte y sobre los países de habla hispana y su cultura.

Como les gusta mucho escribir tratan de convencer a los demás de que ellos también pueden hacerlo. Su libro *Authors in the Classroom* invita a maestros, alumnos y padres a convertirse en autores.

About Alma Flor Ada and F. Isabel Campoy

Alma Flor and Isabel have written over seventy books together—biographies, plays, poetry, folktales, and books about art and about Spanish-speaking countries and their cultures.

Because they enjoy writing so much they try to convince everyone that they can write too. Their book *Authors in the Classroom* invites teachers, students, and parents to become authors.